AF313731

VENTE

DU SAMEDI 21 JUIN 1913
HOTEL DROUOT, SALLE N° 11

à deux heures

GRAVURES ANCIENNES

ET MODERNES

ESTAMPES SUR LES SPORTS

Albums illustrés

EXPOSITION PUBLIQUE

Le Vendredi 20 Juin 1913, de 1 heure 1/2 à 6 heures

COMMISSAIRE-PRISEUR

Mᵉ F. LAIR-DUBREUIL, 6, rue Favart

EXPERTS

MM. PAULME ET B. LASQUIN FILS

10, rue Chauchat - 11, rue de la Grange-Batelière

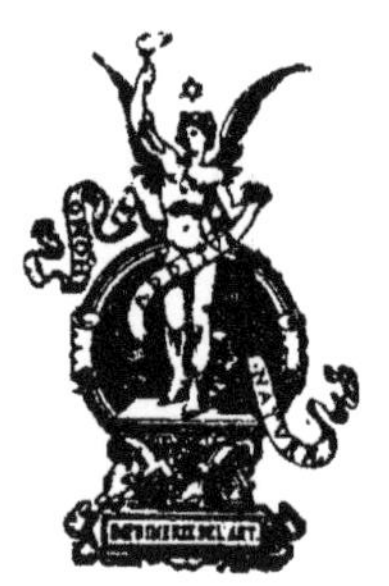

CATALOGUE

DES

Gravures Anciennes

ET MODERNES

PRINCIPALEMENT DU XVIIIe SIÈCLE

ESTAMPES SUR LES SPORTS

ANGLAISES ET FRANCAISES

Dont la Vente aux Enchères publiques aura lieu

HOTEL DROUOT, SALLE N° 11

LE SAMEDI 21 JUIN 1913

à deux heures

COMMISSAIRE-PRISEUR

Me F. LAIR-DUBREUIL, 6, rue Favart

EXPERTS

MM. PAULME ET B. LASQUIN FILS

10, rue Chauchat - 11, rue de la Grange-Batelière

EXPOSITION PUBLIQUE

Le Vendredi 20 Juin 1913, de 1 heure 1/2 à 6 heures

CONDITIONS DE LA VENTE

Elle sera faite au comptant.

Les adjudicataires paieront *dix pour cent* en sus des enchères.

Paris. — Imp, de l'Art, Cʜ. Bᴇʀɢᴇʀ, 41, rue de la Victoire.

DÉSIGNATION

GRAVURES ANCIENNES
ET MODERNES

ESTAMPES SUR LES SPORTS

ALDIN (Cecil)

1 — *The Earl of Lonsdale.*
Fac-similé en couleur.

2 — *Chasses à courre.*
Suite de six pièces fac-similé en couleurs.

3 — *Every dog has his day. — Come on gentlemen.
— Chiens courant.*
Trois pièces en couleur.

4 — *Les Sports.*
Suite de douze pièces en couleur.

5 — *A Sporting Garland.*
Pictured in colour. Album de planches, *London,
Sands et C°.* Petit in-fol. en travers. Demi-chagrin,
coins.

ALDIN (Cecil)

6 — *The Fallowfield hunt.*

Suite de six estampes en couleur.

ALIX

7 — *Portrait de Bonaparte, Premier Consul.*

Gravure ovale, imprimée en couleur.

8 — *Portrait de Joseph-Agricol Viala.*

Gravure imprimée en couleur, d'après SABLET.

9 — *Portrait de Joseph Barra.*

Gravure imprimée en couleur, d'après GARNERAY.

ALKEN (H)

10 — *Finding* (In a bog). — *The Return home.*

Deux gravures en couleur, d'après HODGES. Marge.

ALKEN (D'après)

11 — *The High Mettled Racer.*

Suite de six gravures en couleur, par ALKEN et SUTHERLAND.

12 — *A Steeple-chase.*

Deux gravures en couleur, par BENTLEY. Marge.

ANONYME

13 — *Le Calendrier du chasseur pour 1885.*

Eau-forte.

ANONYME

14 — *Stag hunting*.

> Gravure en couleur incomplète.

15 — *Chasse au cerf*.

> Suite de quatre lithographies coloriées.

16 — *Les Adieux de Louis XVI à sa famille*.

> Deux estampes sans nom d'auteur, ni d'éditeur. Décrites dans l'Iconographie de lord Ronald Gower, N° 401.

> Très belles épreuves imprimées en bistre, les portraits en couleurs. Avec marges. *Rares*.

A. S. (De)

17 — *L'Arrivée de la course*.

> Aquarelle signée du monogramme.

AUBRY (Ch.)

18 — *Histoire pittoresque de l'Équitation*, etc.

> Par Ch. Aubry, peintre. A *Paris*, chez l'éditeur. Album in-fol., illustré de lithographies par Aubry, V. Adam, Géricault, etc. Cart.

BAUDOUIN (D'après)

19 — *Les Amants surpris*. — *Marchez tout doux, parlez tout bas*.

> Deux gravures en noir, par Choffart et de Launay.

BAUDOUIN (D'après)

20 — *Le Matin. — Le Midi. — Le Soir. — La Nuit.*

Suite complète et rare de quatre estampes en noir par
DE GHENDT, avec la *tablette blanche et avant toutes lettres.*
Le Matin et le Soir sont *avant le changement.* Cadres
en bois sculpté doré.

BOILLY (D'après)

21 — *Prélude de Nina.*

Gravure coloriée, par CHAPONNIER.

22 — *L'Amant favorisé. — La Comparaison des
petits pieds.*

Deux pendants coloriés, par CHAPONNIER.

BONHEUR (D'après ROSA)

23 — *The horse fair in Paris.*

Grande gravure en noir, par TH. LANDSEER.

BONNEFOY (Chez)

24 — *La Confidence.*

Gravure imprimée en couleurs, d'après BOUCHER.

BONNET (L.)

25 — *L'Amour prie Vénus.*

Gravure imprimée en couleurs, d'après HUET.

26 — *Le Bain.*

Gravure imprimée en couleurs, d'après JOLLAIN.

BONNET (L.)

27 — *Sujets gracieux.*

Deux gravures imprimées en couleurs, avant la lettre.

BOUCHER (D'après)

28 — *La Voluptueuse. — La Dormeuse.*

Deux gravures en noir, par Polienith et Michel.

BOWERS (G.)

29 — *Canters in Crampshire.*

Recueil de lithographies publié à *Londres, Chatto et Windus, Piccadilly*. Petit in-fol. en travers. Cart.

BOYDELL (John)

30 — *A Hunting piece.*

Gravure en noir, d'après Wooton, Marge.

BRETON (Chez Madame)

31 — *La Toilette du soir.*

Gravure imprimée en couleurs, sans nom d'auteur.

CARAN D'ACHE

32 — *Courses dans l'Antiquité.*

Album d'illustr. en coul. In-4 en tr. *Paris, Plon et Nourrit.* Cart.

CARESME (D'après)

33 — *Le Marchand d'orviétan.*

Gravure imprimée en couleurs.

CIPRIANI (D'après)

34 — *Psyche going to Bathe.*
> Gravure en bistre, par BARTOLOZZI.

CLAUDE LORRAIN (D'aprés)

35 — *Il Molino di Claudio. — Delphorum Marmore templum.*
> Deux gravures en noir, par VOLPATO.

CLERMONT-GALLERANDE (D'après)

36 — *Les Courses de Corlay.*
> Photogravure en noir, de BRAUN.

C. M.

37 — *Écuyère.*
> Aquarelle. Signée des initiales : *C. M.*

CONDAMY (DE)

38 — *Piqueur sautant un mur.*
> Aquarelle. Signée.

CRAFTY

39 — *La Chasse à courre.*
> Notes et croquis illust. en coul. *Paris, Plon et Nourrit.* Cart.

DEBUCOURT (L.-P.)

40 — *La Rose mal défendue.*
> Epreuve rehaussée Petite marge.

DEBUCOURT (L.-P.)

41 — *Minet aux aguets.*

> Gravure ovale coloriée.

42 — *Les Visites.*

> Estampe ancienne en noir. Publiée le premier jour du
> XIX⁰ siècle. **Marge. Encadrée.**

DIVERS

43 — Un carton renfermant des gravures diverses
du XVIIᵉ siècle et autres : vues de villes, gravures de fêtes, vues d'optique, etc.

ÉCOLE MODERNE

44 — *Cross Country.* Pau, 1911.

> Aquarelle. Signée.

ÉCOLE FRANÇAISE (XVIIIᵉ siècle)

45 — *La Frayeur.*

> Gravure imprimée en couleurs.

EDWARDS

46 — *Chasses diverses.*

> Suite de quatre pièces en couleur.

EISEN Le Père (D'après)

47 — *La Jolie charlatane.*

> Estampe ancienne en noir, par L. HALBOU. **Marge.**
> Encadrée.

EISENBERG (Baron d')

48 — *Description du manège moderne, etc.*

Illustré par B. Picart. Petit in-fol. en trav. Cart.

FINOT (Baron)

49 — *Callistrate.*

Petite aquarelle, d'après Alfred de Dreux.

FRAGONARD (D'après)

50 — *La Faible résistance ou le Verrou.*

Gravure ovale coloriée, par Le Beau.

51 — *Le Serment d'amour et la Bonne mère.*

Deux gravures en noir, par de Launay.

52 — *Le Baiser à la dérobée.*

Gravure en noir, par Regnault. Marge.

53 — *La Coquette fixée.*

Gravure en noir, par Cocchi.

FREUDEBERG (D'après)

54 — *La Matinée.*

Gravure de la suite du Monument du costume. Marge.

GAINSBOROUGH (D'après Th.)

55 — *Cottage Children.*

Gravure à la manière noire, par Birche. Marge.

HUNT (Ch.)

70 — *Grand Stand, Goodwood.*

Gravure en couleurs. Marge.

JACQUE (E.)

71 — *Fox-Hunt.*

Album d'eaux-fortes, publié à Pau. Demi-chagrin cartonné. Petit in-folio en travers.

JANINET

72 — *La Bacchante enyvrée.*

Gravure imprimée en couleurs, d'après CARÊME.

JAZET

73 — *L'Hallali.*

Gravure en noir, d'après C. VERNET. Marge.

JOB

74 — *Mémoires de César Chabrac.*

Album illustré. In-4º en tr. Couverture cartonnée.

LANCRET (D'après N.)

75 — *La Soirée.*

Pièce en noir encadrée.

LANDSEER (D'après Sir EDWIN)

76 — *The Stag at bay.*

Gravure en noir, par TH. LANDSEER. Marge.

LEAN (Published by Th.)

77 — *A Key to the Northampton grand steeple-chase.*

Petite gravure en couleurs, donnant les noms des chevaux, sans noms d'auteurs.

LE BARBIER

78 — *Primi delecte prima lues.*

Gravure imprimée en couleurs, par Serane.

79 — *Adam et Ève.*

Gravure imprimée en couleurs, par Janinet, avant la lettre.

LEDIEU (D'après Phil.)

80 — *Le Départ pour la chasse.*

Gravure en noir, par Harlemann. Marge.

LEWIS-BROWN (John)

81 — *Rendez-vous de chasse.*

Lithographie coloriée en forme d'éventail.

M. B.

82 — *Les Courses à l'américaine. — Chevaux de chasse.*

Pièce en couleur sous verre et une photogravure.

MERY (E.)

83 — *Lapins.*

Aquarelle. Signée.

MOREAU LE JEUNE (D'après)

81 — *La Petite Loge.*

> Par Patas.

— *Le Seigneur chez son fermier.*

> Par Delignon.
>
> Deux gravures en noir avec les lettres *A. P. D. R.* Marge.

PHIZ

85 — *A run with the Stag-hounds.*

> Album de lithographies coloriées, avec couverture. Petit in-fol. en travers. Demi-rel. mar. avec coins.

86 — *How Pippins enjoyed a day with the fox-hounds.*

> Alb. de lithogr. color. av. couvert. Petit in-fol. en tr. Demi-rel. mar. av. coins.

PICOT

87 — *Diane et ses nymphes.*

> Gravure en bistre, d'après Amiconi. Épreuve avec la lettre tracée. Sur carton.

POLLARD (D'après J.)

88 — *British horse racing.*

> Suite de quatre gravures en couleurs, par G. Reeves : Preparing to start. — The winner of the Derby race. — Race for the gold cup — The Coming in.

89 — *The Mail coach in a flood.*

> Épreuve en couleurs, par F. Rosenbourg. Marge.

POLLARD (D'après J.)

90 — *The Race for the Derby Stakes at Epsom.
1828.*

> Estampe en couleurs, par REEVES. Marge.

REEVES

91 — *Artarerres, cheval de trot.*

> Gravure en couleurs, d'après TURNER. Marge.

REGNAULT (N.-F.)

92 — *Ah! s'il s'éveillait.*

— *Dors!... Dors.*

> Deux estampes au pointillé, la seconde avant la
> lettre.

REYNOLDS (D'après sir J.)

93 — *Lord Grantham* et pendant.

> Deux gravures, par SUNTACH.

94 — *Venus chiding Cupid.*

> Gravure en couleurs, par BARTOLOZZI. Marge. En
> feuille.

ROWLANDSON

95 — *Le Départ du Coach.*
> Dessin aquarellé.

SANTERRE (D'après)

96 — *Susanne au bain.*

> Estampe imprimée en couleurs, par VASSELIEFF.

SARTORIUS (D'après)

97 — *Ascot.*

Gravure en couleurs, par J. EDY. Marge.

SCHALL (D'après)

98 — *Le Modèle disposé.*

Gravure coloriée, par CHAPONNIER.

99 — *The officious Waiting Woman.*

Gravure coloriée, par CHAPONNIER.

100 — *Paul et Virginie.*

Suite de quatre gravures en couleurs, par Aug. LE GRAND.

101 — *La Vestale*, et pendant.

Deux gra ires imprimées en couleurs.

SEM

102 — *Monte-Carlo.*

Deux albums en couleur. Petit in-fol. Couvert.

103 — *Palais de Glace. — Café de Paris*, etc.

Album en couleurs. Petit in-fol. Couverture.

104 — *Les Acacias.*

Suite de planches en couleurs. Couverture. Petit in-fol.

SEULY

105 — *Chasse au Cerf.*

Suite de cinq photos, montées sur marges blanches.

THÉLEM (E.)

106 — *L'Écurie Patardot.*

Album en couleur. In-4° en travers. Couverture illus-
trée. *Paris Société Française d'Édition d'Art.*

TIMM (D'après

107 — *Horace Vernet.*

Lithographie coloriée.

VALETTE (René)

108 — *La Chasse à Courre et à Tir.*

Publication de la suite *La Vie en Images.* Illustr.
In-4° *Paris, H. Laurens,* broché.

VAN LOO (D'après)

109 — *Le Coucher.*

Estampe ancienne en noir. Sans marge.

VAUX (Baron DE)

110 — *Les Grands veneurs de France.*

Suivis d'une étude sur les principaux équipages de
l'étranger. Album in-fol. en trav. illustré en couleur.
Couv. *Paris, J. Rothschild,* 1895.

VERNET (Carle)

111 — *Les Chasses de la Duchesse de Berry.*

Suite complète de quatre lithographies originales,
avec l'indication sur les encadrements des personnages
représentés. Marge. Suite rare et recherchée.

VERNET (D'après C.)

112 — *Le Chasseur au renard. — Les Chiens à la découverte. — Le Renard pris. — Le Retour du chasseur.*

> Suite de quatre gravures en noir, par Debucourt et Levachez. Marge.

113 — *Le Chasseur. — Le Chasseur au tirer.*
> Deux pendants coloriés.

VERNET (H.)

114 — *Mail-coach au galop.*
> Lithographie originale avant le titre.

115 — Estampes non décrites.

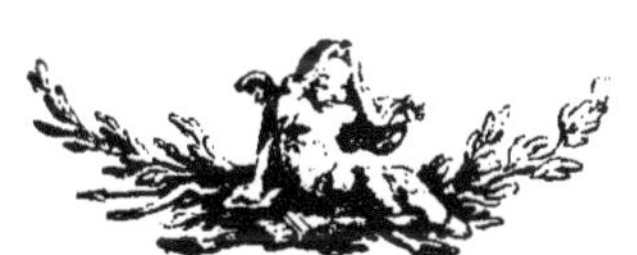